LES A

JEAN-AUBERT LORANGER

LES ATMOSPHÈRES
suivi de
POËMES

Postface de
Luc Bonenfant

Éditions Nota bene

Les Éditions Nota bene remercient le Conseil des Arts du Canada,
la SODEC et le ministère du Patrimoine du Canada
pour leur soutien financier.

ISBN : 2-89518-163-2

LES ATMOSPHÈRES

Pour ma femme

I

Quelque chose s'est mis à exister soudain.

Jules ROMAINS.

LE PASSEUR

PROLOGUE

Une rivière.

Sur la rive gauche qui est basse, il y a un village. Une seule rue le traverse par où entre sa vie, et les petites maisons, qui se font vis-à-vis, y sont comme attablées. Tout au bout, à la place d'honneur, l'Église qui préside à la confrérie des petites maisons.

Sur la rive droite qui est escarpée, c'est une grande plaine avec des moissons, une plaine qui remue ; et derrière un grand bois barre l'horizon, d'où vient une route vicinale jusqu'à la grève où est la cabane du passeur.

La route est flanquée de poteaux télégraphiques qui ont l'air de grands râteaux debout sur leur manche.

Enfin, le bac du passeur qui est un morceau de la route qui flotte sur l'eau.

LE PASSEUR

Quand vint à l'homme la curiosité de connaître son âge, et qu'on lui eut fait voir le registre de sa vie avec l'addition de ses jours qui faisaient quatre-vingts ans, il fut d'abord moins effrayé de ce qu'il allait lui falloir bientôt mourir que de l'imprévu de sa vieillesse.

Il ne se savait pas rendu si loin. Il avait avancé dans la vie sans regarder devant lui, à la manière du rameur qui connaît bien le parcours et qui ne se retourne pas vers l'avant, tout occupé qu'il est du mouvement de ses bras. Aussi, se retourna-t-il brusquement vers ce qu'il lui restait à vivre, quand il eut senti par tout son corps la secousse de l'anticipation de la fin, quand il sut la vieillesse subite qu'il devenait.

L'homme n'avait jamais eu d'autre métier que celui de passeur, et pour gîte, la bicoque aussi vieille que lui, sur l'autre rive, tout au bord de l'eau, en face du village.

C'était une vie organisée avec un bac et une chaloupe : une raison d'être qui est la route dont il avait fonction de continuer l'élan par-dessus la rivière. Il était une espèce de batelier de la route. Il passait les piétons dans une petite chaloupe blanche qu'il maniait à la rame ; un grand bac rouge, guidé d'une rive à l'autre par un fil transversal, servait aux voitures et aux charges lourdes.

Il causait peu, ce qui avait éloigné de lui les sympathies.

Le bonhomme était lent dans son travail, mais assidu. Si un attelage sonnait sur la route, il sortait sans se hâter de sa sieste qu'il prenait à sa porte, et allait à son poste à l'avant du bac, le dos courbé et les mains sur le fil, prêt à tirer. Quand la voiture était débarquée, il se faisait payer, puis se remettait à tirer le fil sans rien dire. Le bac rejoignait lentement l'autre rive, avec son petit bruit tranquille de papier froissé que faisait sous les panneaux l'eau qui se frisait. Puis l'homme reprenait sa sieste, immuable.

Ainsi donc, à toute la longue vie que l'homme reconnut avoir été, quand il en apprit la durée, vint-il s'ajouter un peu de mort avec l'inquiétude de ce qu'il allait être. Il eut peur, non pas précisément de la mort mais de ce qu'il allait être avant la mort, de ce qu'allaient devenir ses bras, ses uniques bras, ce qu'il avait toujours été. L'énergie de pomper la vie comme d'un puits était encore en eux ; mais il advint que l'idée de ne pouvoir pas toute la pomper, jusqu'à ce que le trou fut tari, devint sa pensée fixe.

L'homme fut pris de l'égoïsme des travailleurs qui vivent du travail ; l'homme eut peur de ne pouvoir pas travailler, il eut peur de la vie des vieillards qui ne travaillent pas, mais qui gardent assez de bras pour repousser la mort.

Donc, à partir de ce jour de plus aux autres qui faisait sa quatre-vingtième année, en plus des bras qu'il avait, le passeur se découvrit une idée, quelque chose de blotti dans sa tête qui la faisait souffrir. L'homme commença de se connaître ; en plus des bras, il avait une tête ; et pour des heures de sieste il en prit contact, et on le vit se tenir péniblement la tête dans ses deux mains.

LES REINS

Il arriva qu'un matin, à son réveil, le passeur fit une autre grande découverte. Il constata qu'il avait non seulement un dos, d'où ses bras puisaient l'énergie, mais aussi des reins.

Cela était advenu à la suite d'une grande fatigue au sortir du lit. Il avait éprouvé à son dos la sensation d'une pesanteur inaccoutumée, comme si la lourde paillasse y était restée collée. Il eut, somme toute, l'impression d'avoir repris en une seule nuit toutes les fatigues qu'il avait jadis laissées dans ses sommeils.

Il vint un homme qui parlait fort et qui le fit mettre nu. Il laissa deux bouteilles et des paroles que le passeur dut se répéter plusieurs fois, avant d'en saisir toute la signification.

— C'est vos reins, vieux, qui sont usés.

Cela fut toute une révélation, et il ne cessa pas, pendant deux jours de se redire :

— J'ai des reins et ils sont usés.

Tout d'abord, il n'en avait voulu rien croire.

Habitué qu'il était, par sa vie d'homme qui travaille, de ne voir dans le corps humain que des attributs du travail, il ne put pas concevoir l'existence en soi d'une partie qui fût inutile. Avec des bras, il tirait tout le jour des rames qui pèsent du bout d'être dans l'eau ; il traversait d'une rive à l'autre des charges qui faisaient enfoncer son bac d'un pied. Avec des jambes, il marchait au-devant de l'argent, ou se tenait debout pour l'attendre. Certes, il savait le dos nécessaire, ne fût-ce que pour se coucher dessus quand on est trop fatigué. Mais des reins, ça ne servait à rien, sinon à faire souffrir, quand on les attrape.

Mais il vint l'heure de sortir et de travailler, et comme la souffrance de son dos le suivait partout, dans sa chaloupe et dans son bac, il lui fallut bien s'admettre qu'il avait quelque chose là. Comme cette chose ne se tenait pas agrippée à son épaule ni à ses hanches, il finit par reconnaître l'existence en lui des reins, et il en fut consterné.

Son mal et ses reins s'identifièrent donc en passant par sa connaissance. Ils furent une partie douloureuse à son corps ; ils furent une maladie qui lui venait du lit et du sommeil, ayant constaté un redoublement de ses souffrances à son réveil.

Puisque ses reins étaient le mal à son corps, il avait donc attrapé les reins. Et si certains jours qui furent plus pesants que les autres, ses rames s'arrêtaient en l'air comme le geste interrompu d'un

orateur qui ne trouve plus ses mots, le passeur s'ex-
cusait d'être, tout simplement, un pauvre homme
qui porte ses reins.

LE VENT

Ce jour-là, le passeur rama plus que de coutume. C'était juillet, et des femmes traversaient par groupes pour une cueillette sur l'autre rive.

Tout le matin qui fut calme, avec la rivière lisse, on aurait dit polie, la chaloupe ne discontinua point son va-et-vient de trait d'union mobile des deux rives, la chaloupe avec ses rames grandes ouvertes en bras qui embrassent l'effort, en bras ouverts comme crucifiés sur le travail.

Vers le milieu du jour, il vint une heure trop belle au temps, une heure tout simplement trop belle pour qu'il en puisse continuer d'être ainsi. Il se produisit quelque chose qui était un changement. L'air remua dans les arbres qui se prirent de tremblotements ; l'air poussa sur la côte, où les bras d'un moulin tournoyèrent lentement dans le lointain ; l'air se frotta contre la rivière qui cessa subitement de mirer les rives, comme une glace qui devient embuée. Il se fit donc un changement ; il fit du vent et le temps s'assombrit.

L'après-midi ne fut plus que du vent dans un temps gris.

Quand le passeur revint vers la rive où l'attendait la dernière des femmes attardées, la rivière était pleine de secousses et de chocs, et la chaloupe sautait sur l'eau qui semblait s'ébrouer. Il atterrit péniblement, puis il repartit avec la femme.

La chaloupe n'avançait que par petites propulsions, à cause des rames qui lâchaient prise subitement, et qui lançaient en l'air des gerbes blanches ; à cause de toutes les vagues inévitables qui frottaient sur la chaloupe ; à cause de l'équilibre qu'il fallait tenir dans le balancement des rames plongeant avec un bruit et remontant comme pour respirer avant de replonger ; enfin, à cause du vent, et principalement des reins qui donnaient des langueurs et des sursauts au corps tout tordu qui tirait sur les bras tendus et quasi impuissants.

Le passeur exténué sentait le vent sur son front, tout le vent lourdement appuyé à son front et qui tonnait dans ses oreilles, comme s'il avait eu sur les côtés de la tête les grandes ailes d'une coiffe de toile.

Quand le choc de la rive eut enfin immobilisé l'embarcation, le passeur, les bras ballants, s'affaissa, épuisé.

Des volutes immenses de vent roulaient partout, serrées comme une charge ; des volutes immenses, une charge de volutes pesantes.

LA TÊTE

Quand la chaloupe toucha enfin la secousse de la grève où elle s'immobilisa, les bras du passeur tombèrent inertes le long de son corps, comme les rames qu'il venait de lâcher aux flancs de l'embarcation. Il eut un frisson, comme si des filets d'eau froide avaient coulé dans ses os creux. Il éprouva par tous ses membres le mal de ses reins, il eut sensation d'une fissure à ses reins par où toute la douleur se serait échappée pour envahir son corps. Il resta tordu sur sa banquette.

Alors, il advint la chose extraordinaire qui est la paralysie. Cela vint lentement qui le prit par les jambes ; cela vint la chose qui monta en lui en passant par tous ses membres, cela vint la chose qui monta et qui s'arrêta à sa tête.

Le corps fut envahi par transitions douces, comme s'il eut glissé le long de la grève qui amène l'eau jusqu'au cou et qui fait qu'il ne reste plus qu'une tête qui émerge.

Le passeur qui avait été des bras, des jambes, un dos et des reins, ne fut plus qu'une tête qui pensa les bras, les jambes, le dos et les reins.

Le lendemain, l'homme qui était déjà venu, revint, et il repartit cette fois sans rien dire. Un autre

homme s'installa dans la maison, et le passeur reconnut son remplaçant, un autre passeur ; et il laissa
faire.

LES VIEILLES RAMES

Quand il arriva que les bras du passeur furent désormais ballants, quand ils devinrent ces deux choses inutiles, telle la vieille paire de rames qui ne prend plus prise dans l'eau, ou qui n'est pas assez forte pour résister à l'énergie qu'il faut pour atteindre à l'autre rive qui est la vie, qui est l'argent, on choisit la chaise la plus confortable au repos que lui assignait sa vieillesse.

De l'ombre du toit de sa maison, il regardait la grève où la route s'évasait, comme exténuée d'arriver de si loin ; il regardait couler la rivière qui passait interminablement ; il regardait la manœuvre du nouveau passeur, qui s'éloignait tout doucement sur l'eau, qui devenait tout petit, et puis imperceptible presque, et qui revenait en grossissant, et qui arrivait devant lui en faisant sonner du nouvel argent dans sa poche.

Il fut le dos malade qui refuse aux bras le muscle dont il est la racine ; il fut la fissure ; il fut l'attente de la mort devant tout cela qui est la vie, qui est le surmenage pour arriver à la chaise qu'on place dans l'ombre, tout au bord du soleil, quand il y a deux bras qui ne travaillent plus, deux bras qui ne font plus rien.

Le mal refusa aux bras l'action des bras sur les épaules ; ils étaient pourris les vieux tolets.

LES VIEILLES RAMES
(DEUXIÈME VERSION)

Quand l'homme cessa d'être le passeur, il devint autre chose. Il devint la seconde vie, celle des vieux à leur retraite qui attendent la mort qui viendra vite, parce qu'ils ne font plus rien. Il fut, somme toute, ce nouveau chapitre qui surgit tout au bout de l'histoire dont on avait cru tourner la dernière page.

Il arriva donc qu'il en prit conscience et qu'il en fut triste.

Alors il découvrit la vraie vie, l'autre vie qu'il n'était plus.

De sa porte, dans l'ombre, il la reconnut dans tout ce qui n'était pas lui, dans tout ce qui était le soleil, dans l'eau qui passait en fripant le sable sur le bord de la grève, dans les coups de reins du passeur sur le fil du bac, dans le cri qui venait de l'autre rive, qui venait des deux mains mises en cornet sur la bouche de l'homme qui signalait, là-bas, tout petit. Enfin, il vit l'action, le gros remuement dans le village d'en face qui apparaissait sur la berge comme une table mise avec ses petites maisons de toutes les formes qui faisaient penser, vues de loin, à des vaisselles, et avec la cheminée d'une usine qui se dressait comme un col de carafe.

Le nouveau passeur prit soin de l'ancien, car il était incapable d'aucun mouvement qui lui permit de se subvenir.

Il vécut ainsi toute la saison d'eau sans se plaindre, tout occupé qu'il était du mystère de ses articulations devenues inutiles.

L'hiver vint avec la rivière qui fut de la glace, et l'homme s'enferma dans sa cabane.

Au printemps, quand le soleil réchauffa la terre autour de sa cabane, le passeur recommença ses promenades quotidiennes de son lit à une chaise placée à sa porte.

Il ne se faisait plus soutenir ; le long repos de l'hiver semblait avoir influé sur sa rigidité. La vie revint peu à peu à ses membres engourdis, et même, dans les temps qu'il ne faisait pas humide, il se sentait presque aussi fort qu'autrefois.

Il se serait remis au travail, sans la défense que le médecin lui en fit. Mais il y avait en plus de cela qui n'était pas très autoritaire, une autre grande interdiction au travail, il y avait le nouveau passeur qui ne voulut pas céder la place pour laquelle il se sentait officiellement qualifié.

Alors, l'homme en qui la vie était revenue ne reconnut pas celle qu'il avait été autrefois. Il reconnut une inappétence au travail et assez de bras pour repousser la mort.

L'ENNUI

Du fait que par l'inertie de ses deux bras le passeur reconnut l'inutilité de son existence, il arriva ce qui devait arriver, il arriva l'ennui où il s'ankylosa petit à petit.

Il le connaissait cet ennui, la chose inévitable au repos qui se prolonge trop, il le connaissait pour l'avoir éprouvé tous les hivers, parce que la rivière est de la glace et qu'il n'y a rien à faire. Aussi, quand il en sentit les premières atteintes, il vint au fond de cet homme la conviction qu'il ne s'en pourrait jamais dégager, vu l'inactivité où se trouvait plongée sa vie pour toujours, et l'idée de la mort qu'il se prit à désirer ardemment.

Ce devait être la fin. Et devant l'ennui qui le gagnait, qui l'envahissait, toute son énergie fondait en lui, comme dans la chambre les couleurs de la lampe se dissipent devant un jour plus grand qui entre.

Le souvenir des hivers lui vint avec l'ennui, et l'atmosphère de sa dernière transformation perdit graduellement de sa teinte, il y eut du blanc dans la tête de l'homme, du blanc mou qui venait de partout.

Il devint paresseux et taciturne. La vie lui avait été pénible et dure, il cessa de la penser, on aurait pu croire qu'il s'en passait.

De toute sa vie qu'il avait été, rien n'exista plus que le temps, les différents temps qu'il faut pour que le jour passe en nuit, et celle-ci au réveil d'un autre jour.

Il n'y eut plus que le temps qu'il fait quand c'est l'heure de se mettre au sommeil ; temps violet avec des tranches de rouge, et le soleil qui descend lentement dans le dôme de l'Église comme une grosse pièce d'or dans un tronc, le temps qui est le réveil, dans les grandes lattes pâles en lumière tendues des persiennes closes à son lit, le temps du midi sur la rivière tout éblouissante de constellations sautillantes.

RETOURNEMENT

Un matin que le passeur était sur l'autre rive, il s'assit, pour la première fois, depuis un an, dans sa chaloupe. Il était songeur.

La matinée était belle et la rivière mirait le ciel bleu. Des petits nuages blancs et ronds, comme de gros paquets de mousse savonneuse, se tenaient alignés sur l'horizon. Au loin, la cloche du village tintait.

Tout à coup, le fil du bac vibra. Le passeur s'en revenait.

Alors, l'homme vit les rames qui donnaient envie d'y appuyer les deux mains, et il y appuya des deux mains. Quand il les eut senties sur ses paumes, il serra. Les muscles de ses bras durcirent ses épaules, et tout comme s'il ne l'avait pas voulu, tout comme s'il n'y pensait même pas, il tendit les reins.

La chaloupe laissa le bord, et quand elle eut atteint le plein chenal, elle se mit à descendre lentement entre les deux rives.

Les coups de rames laissaient sur l'eau des arabesques, et derrière, il y avait un grand V sur la rivière.

Au bout de quelques instants, il n'y eut plus d'arabesques, et les deux lignes du grand V se collèrent aux rives.

L'homme sentit de nouveau le frisson des filets d'eau froide dans ses os creux.

Au haut de la berge, dans le lointain, les bras d'un moulin battaient l'air, et il fixa son attention sur le retournement, et l'envie lui vint de vomir.

La chaloupe était en travers du chenal. Le soleil fichait dans l'eau de grands glaçons de lumière où passaient des petits points brillants.

La chaloupe se pencha lentement d'un côté, puis elle se releva brusquement. Avec un bruit sourd, une petite gerbe blanche s'éleva de l'eau comme un bouquet, et de grands anneaux s'étendirent sur la rivière.

Et le courant amena la chaloupe qui descendait seule, avec ses deux rames pendantes, comme deux bras qui ne travaillent plus, comme deux bras qui ne font plus rien.

II

SIGNETS

JE REGARDE DEHORS PAR LA FENÊTRE.

J'appuie des deux mains et du front sur la vitre.

Ainsi, je touche le paysage,

Je touche ce que je vois,

Ce que je vois donne l'équilibre

À tout mon être qui s'y appuie.

Je suis énorme contre ce dehors

Opposé à la poussée de tout mon corps ;

Ma main, elle seule, cache trois maisons.

Je suis énorme,

Énorme…

Monstrueusement énorme,

Tout mon être appuyé au dehors solidarisé.

LES HOMMES QUI PASSENT emportent la rue avec eux.

Chacun, qui la porte, la pense dans une pensée différente, comme il y marche où il veut.

La foule fait dans la rue un dessin obscur de taches mouvantes.

La rue distraite se disperse et s'éparpille dans chaque mouvement de chaque homme.

*
* *

Une troupe de soldats entre soudain dans la rue, et le tambour noue le rythme uniforme des hommes qui le suivent.

Le tambour avance et grandit, et ses ronrons grignotent petit à petit tous les bruits de la rue.

Le tambour devient toute la rue, les hommes qui passent l'écoutent et l'entendent de leurs jambes qui marquent la syncope en saccades.

La rue se concentre et se retrouve, la rue marque le pas du tambour, elle s'accorde et se pénètre.

Les hommes qui passent ont tous le même pas, et remettent, à grands coups de pieds sur le pavé, la pensée qu'ils avaient de la rue.

Le tambour est toute la rue.

LA RUE EXISTE.

DES GENS SUR UN BANC attendent l'heure d'un train. Depuis peu que la gare s'est tue, et qu'elle s'ignore, ils sont là, des gens qui ne se connaissent pas, qu'un même banc tasse, dans une même attente.

Ils ne causent pas, car ils sont trop tous à la même pensée d'une même chose. Le seul grand regard unanime, comme la pensée qu'ils ont, va de la table d'heures à la petite valise posée sur leurs genoux, ou à leurs pieds.

Le désir, qui hante la foule en confrérie, de se dire quelque chose, ne les tourne pas l'un vers l'autre. Ils sont trop tous la même chose.

Leurs yeux qui bougent, remuent la grande fatigue qui est au fond, et se troublent. Ils éprouvent la nuit invisible dans la lumière de la gare ; ils baillent tour à tour, ils happent, par petites bouchées, le sommeil qui les assiège.

Les hanches et les épaules se touchent dans une même vie d'attente, ils ne sont rien qu'unanimes,

DES GENS SUR UN BANC qui attendent l'heure d'un train.

JE MARCHE LA NUIT dans la rue, comme en un corridor, le long des portes closes, aux façades des maisons.

Mon cœur est dévasté comme un corridor, où il y a beaucoup de portes, beaucoup de portes, des portes closes.

AVEC L'HIVER SOUDAIN, tous les petits bateaux se sont tus au port, comme des grenouilles quand l'étang gèle, et le dernier paquebot, avec derrière lui l'eau épaissie qui bouge encore, se hâte vers le bout du fleuve où est la mer.

Voici décembre soudain, avec ce qui fait que rien n'insiste plus pour que je vive.

Voici décembre par où se fait la fin de l'illusion qu'il y avait en moi d'une possibilité de partir.

Ô les grands cris au port des derniers paquebots en partance définitive,

les entendre.

Et dans la glace, ce grand sillage que l'hiver garde matérialisé jusqu'à la mer, du dernier paquebot que décembre a poussé hors du port.

LES GRANDES CHEMINÉES DU PORT remuent dans l'eau qui les mire, les grandes cheminées molles dans la moire des eaux qui mirent.

Et au-dessus de tout, toutes grandes aussi, les fumées qu'on dirait pendues comme des crêpes.

Le port est triste de tant de départs définitifs.

Le port en deuil des beaux bateaux qui ne sont pas revenus.

Et plus il allait,
plus s'élargissait la plaie,

Charles VILDRAC.

III

UN CONTE

LE VAGABOND

Si l'homme, quand il fut sur la route, ne se retourna pas pour un dernier regard au village qu'il venait de traverser, c'est qu'il lui en venait du mépris, pour trop de désillusion qu'il y avait trouvée.

Il venait d'y recevoir un refus presque total de repaître par des aumônes la vie dont il avait besoin pour continuer plus loin. On avait mal répondu à ses quêtes pour lesquelles il s'était tant humilié.

En ce moment qu'il en était enfin sorti, une seule chose l'occupait ; s'en éloigner le plus vite possible, avant que ne se développe trop l'idée qui s'ébauchait de retourner en arrière avec tout un plan de vengeance.

La route, avec la fatigue qui s'y ajoute, promettait d'épuiser en lui par de la distance l'énergie qu'il faut pour une entreprise pleine de difficultés, et il y marchait.

La poussière, comme de la neige, gardait les vestiges de l'homme. Les pas enregistraient à la route la décision qu'il avait de s'éloigner.

Ce village, il ne l'avait pas voulu, il n'en avait pas fait son but. Il s'était tout simplement trouvé inévitable à la route, et il l'avait traversé avec la route.

Aucune intention d'exploitation ne lui en était venue, quoiqu'il fît étalage de richesses et de pleine confiance. Il ne lui avait demandé que la victuaille qu'il faut pour atteindre à un autre village.

Somme toute, une aumône, en ce cas, c'était, croyait-il, une récompense due à son honnêteté, étant donné la facilité que l'on sait à un vagabond de voler.

Aussi, quand il fut de nouveau sur la route, l'homme se jura-t-il de ne plus être dupe de l'appréciation que peut avoir le villageois des bonnes intentions.

Son désenchantement justifiait la résolution qui lui vint de commettre un vol au village suivant, et il y allait.

Ses bras se balançaient dans le rythme de ses jambes, et il marchait d'une allure que soutenait le désir d'atteindre au village suivant de la route, à la nuit.

L'homme marchait sur la route.

De chaque côté de lui, c'étaient deux paysages qui tournaient lentement sur eux-mêmes, comme sur un pivot ; c'étaient au loin, des arbres et des buissons qui se déplaçaient.

Les poteaux du télégraphe qui flanquaient son chemin, et qui l'indiquaient, là-bas, comme une rampe, venaient à lui en de grandes et lentes enjambées, et ils s'additionnaient en une solution énorme et lointaine qui ajoutait à la fatigue qu'il commençait de ressentir.

Au bout de plusieurs heures d'une marche ainsi soutenue, il vint la fin de l'après-midi par où la nuit entrait, il vint aussi, sur le bord de la route, quelques hameaux qui annonçaient la fin du voyage.

L'homme atteignit enfin le sommet d'une côte, et le village lui apparut.

Il restait dans l'air encore trop de clarté pour qu'il lui fût possible d'y pénétrer tout de suite ; et quoiqu'il en fût encore assez éloigné, il eut l'impression qu'on le regardait venir. Il sortait des toits de chaume deux petites cheminées, ce qui donnait aux maisons l'air inquiet de têtes de chiens les oreilles dressées.

L'homme attendit la nuit, puis, quand l'ombre se fut percée au loin d'un groupe de lumières, il se dirigea prudemment vers une maison qu'il s'était choisie, une maison à l'écart des autres.

Comme une lampe l'allumait encore quand il en fut à proximité, il pénétra dans la cour.

C'était un grand rectangle dallé, au fond duquel s'ouvrait le rez-de-chaussée de la maison. Une porte et une fenêtre reflétaient sur les dalles blanches leur cadre lumineux et agrandi.

L'homme se blottit dans l'ombre d'une encoignure, et il attendit.

Une famille veillait dans le rez-de-chaussée ; il en apercevait les silhouettes mouvantes sur la lumière de la fenêtre. Par intervalles, des sons de voix venaient aussi jusqu'à lui.

Alors, il vint au fond de cet homme, non pas une crainte de ce qu'il allait peut-être ne pas réussir, mais l'angoisse que connaissent ceux qui ne font pas un mauvais coup d'une manière désintéressée. Avec cet esprit de vengeance, que la fatigue de la route avait exagéré, il avait peur de ne pouvoir pas maîtriser toute la poussée fiévreuse qui donnait à ses mains une envie d'étranglement. Il aurait volontiers mieux aimé un corps-à-corps brutal, dans lequel se serait assouvi le trop-plein de force qu'il éprouvait, que le travail délicat de dévaliser une maison, sans rien déranger du sommeil du propriétaire. En résumé, l'homme en voulait plus, en ce moment d'attente fiévreuse, à la gorge du propriétaire qu'à sa bourse.

Mais il fallait éviter ça. Cette pensée d'un meurtre le fit frissonner. Il éprouva le malaise de sa chair épouvantée.

Par une brèche du mur, il apercevait au loin les lumières du village qui tremblotaient dans des feuillages. Il les vit s'éteindre une à une, puis après, il n'y eut plus que le silence et l'ombre d'où venait de temps en temps le bruit sec de quelques portes tardives.

Dans le rez-de-chaussée, on veillait encore.

L'homme entendait battre son cœur à ses tempes, et il eut un pressentiment de quelque chose de terrible qui allait se passer.

La nuit en s'épaississant lui devenait intérieure. Pour la première fois de sa vie, il en éprouvait la chose mystérieuse.

Il souffrait de cette attente qu'il n'avait pas prévue aussi pénible et prolongée.

Il fixait toujours la lumière de la fenêtre, avec l'espoir de la voir s'éteindre, quand, tout à coup, sans qu'il pût s'en expliquer le motif, il lui vint une peur grandissante de voir cette lumière s'éteindre, de savoir toute la vie de cette maison endormie. Il se mit à craindre cette nuit qu'il allait devenir.

À cet instant, une forme courbée dans une pose craintive passa devant la fenêtre allumée, et mit, pour une seconde, une ombre gigantesque sur les dalles de la cour.

L'homme retint sa respiration qu'il avait courte et angoissée.

L'ombre repassa près de lui, et c'est alors qu'il reconnut dans le manège de l'autre, une allure sur laquelle il ne pouvait y avoir d'erreur.

Ils étaient deux voleurs dans la même cour, dans la même attente.

C'en était trop, on allait lui voler son droit à la vengeance.

Et comme dans l'ombre, il eut sensation d'un corps qui se traînait près de lui, il y bondit.

Sous le choc, l'autre roula par terre, et il eut à peine le temps de se relever, qu'il fut embrassé à la taille.

L'homme avait mis dans ses bras toute l'énergie de son corps, et il serrait, comme un qui vivra de ne pas lâcher prise.

L'autre râla, et les deux corps donnèrent contre les dalles.

Dans la maison, on avait entendu, et on accourut.

Les deux lutteurs furent déliés de leur embrassement, et il y eut des explications à la lumière d'une lampe qu'on avait apportée.

Et pendant qu'on garrottait le voleur, l'homme pensait au prestige qu'il allait avoir le lendemain, pour quêter, avec la nouvelle qu'on allait sans doute répandre de son dévouement.

POËMES

PRÉLIMINAIRE

Que deviendra mon cœur
Desserti de ton amour…

La breloque, dont s'éteint,
Au souvenir, le vestige
Qu'elle avivait du passé,
Ne vaut que son pesant d'or,
Au plateau de la balance.

Et pour t'avoir tant aimé,
Enchâssé dans ton étreinte,
Ce cœur, que tu désavoues,
Ne se rajeunira pas
De l'or dont il est usé.

MARINES

ÉBAUCHE
D'UN DÉPART DÉFINITIF

Pour Marcel Dugas.

Encore un autre printemps,
Une nouvelle débâcle…

Le fleuve pousse à la mer
L'épaisse couche de glace
D'un long hiver engourdi,
Tel, avivé, repousse à
Ses pieds, le convalescent
Des draps habités d'angoisse.

Comme sa forme mobile,
Jamais repu d'avenir,
Je sens de nouveau monter,
Avec le flux de ses eaux,
L'ancienne peine inutile
D'un grand désir d'évasion.

Et mon cœur est au printemps
Ce port que des fumées endeuillent.

Mais je n'ai pas accepté
D'être ce désemparé,
Qui regarde s'agrandir,
À mesurer la distance,
Un vide à combler d'espoir.

Je ne serai pas toujours
Celui qui refait l'inverse
De la jetée, vers sa chambre
Où règne la conscience
D'un univers immobile.

Les câbles tiennent encore
Aux anneaux de fer des quais,
Laisse-moi te le redire,
Ô toi, l'heureux qui s'en va,
Je partirai moi aussi.

J'enregistrerai sur le fleuve
La décision d'un tel sillage,
Qu'il faudra bien, le golfe atteint,
Que la parallèle des rives
S'ouvre comme deux grands bras,
Pour me donner enfin la mer.

UN PORT

Pourtant, je me souviens encore
De ce petit port au couchant,
Où mon rêve a voulu se plaire.

Les filets tendus pour sécher,
Sur les quais et dans les mâtures,
Vieillissaient le fond de la crique
Comme des toiles d'araignées.

Des barques, arrivées du large,
Mouillaient, le long de la jetée,
Sans casser leur ligne de file,
Pareilles à un membre transi
Trop engourdi pour se détendre.

Tous les marins laissaient alors
Dormir, au plus profond des cales,
Les rapaces désirs du gain,
Que font surgir, dans tous les cœurs,
Les marées montantes à l'aube.

Et c'était le meilleur d'eux-mêmes
Que berçaient, lentement ce soir,
Les roulements doux des misaines.

Et dans le jour s'affaiblissant
Où s'allumaient les feux des phares,
J'entendis tomber, goutte à goutte,
Du campanile de la ville,
Le trop-plein des sons alourdis
D'une heure lente et déjà vieille.

LES PHARES

Pour Alice

Tournoîments des feux des phares,
Au fond d'un soir de départ,
Où s'emplit d'ombre un vide immense,

Tournoîments alternatifs
Des phares sur l'horizon,
Relevé, dans le lointain,
Des distances douloureuses…

Ô le beau rêve effondré
Que broient des meules d'angoisse
Dans les phares, ces moulins
Dont tournent les ailes
Lumineuses dans la nuit…

Ô le beau rêve effondré
Que j'harmonisais jadis
Dans un chant crépusculaire…

Extase triste, pourtant,
D'un amour proche de la peine,
Espoir des choses lointaines.

Revivre, pour mieux mourir,
Ce passé déjà si loin
Où s'exultait la hantise
D'un départ définitif…

....
....
....

De la plus haute falaise,
Je regarde, dans la nuit,
D'autres phares sabrer l'ombre.

LE BROUILLARD

I

Le brouillard solidifie l'air
Et nous recouvre, sans issue,
En d'oppressantes voûtes froides.

La distance qu'on a vu croître,
Et que mesurait le sillage,
Vient de sombrer au bout des yeux,

Et le bastingage a marqué
Le rond-point qu'assiège en exergue,
L'inutile espace insondable.

II

Je sais que d'autres paquebots,
Dissimulés dans le brouillard,
Sortent du golfe vers la mer.

Et du fond de l'espace, j'écoute
Leurs graves cris alternatifs
Monter dans le ciel obscurci.

Et dans ce triste et froid matin,
Par delà l'opaque brouillard,
J'entends, aux confins du pays,

Lancer, aux steamers de l'exil,
L'inutile appel éploré
Des sirènes d'un sémaphore.

ODE

Pour une voile que la brume
Efface au tableau de l'azur,
Pour un nuage au firmament
Dont se décolore la mer,
Pour une côte où brille un phare,
Pourquoi la plainte nostalgique,
Puisqu'à l'horizon le silence
A plus de poids que l'espace ?

Si le reflux de la marée
Oublie des voiles dans un port,
Pourquoi le grand désir du large
Et pleurer l'impossible essor ?
Tes yeux garderont du départ
Une inconsolable vision,
Mais à la poupe s'agrandit
Le désespoir et la distance.

La nuit que ton âme revêt
S'achemine vers le couchant
Voir à l'horizon s'effondrer
Ce que peut le jour d'illusion,
Et c'est bien en vain, que tu greffes
Sur la marche irrémédiable
De la nuit vers le crépuscule,
Le renoncement de tes gestes.

La mer bruit au bout du jardin,
Comme l'orée d'une forêt,
Et le vieux port allume, au loin,
L'alignement de ses lumières.
Qui vient de dire ce que vaut,
À l'horizon, le jour enfoui,
Comme un bivouac sans relève,
Et le rêve qu'édifie l'ombre.

Et si la lampe qu'on éteint
Fait retomber sur tes yeux clos
Une plus obscure paupière,
Si l'ombre fait surgir en toi,
Comme le feu d'un projecteur,
Une connaissance plus grande
Encore de la solitude,
Que peux-tu espérer de l'aube ?

Et les matins garderont-ils,
Dans l'espace où le phare a tourné,
Une trace de ses rayons
Inscrite à jamais dans l'azur ?
Pour tes longues veillées stériles
Voudrais-tu l'aube moins pénible :
Glorieuse issue dans la lumière
De ce que la nuit vient de clore.

MOMENTS

Sur le mode d'anciens poëmes chinois.

HAIKAIS

&

OUTAS

I

L'aube encadre un paysage
Au châssis de la fenêtre.
La lumière absorbe l'ombre,
Elle dissolidifie
Le volume de la chambre.

Je suis au petit début
Imprécis d'une journée
Que la pendule tapote,
Doucement, comme une glaise,
Pour lui faire un avenir.

Le grand silence m'enclot
Comme en une serre chaude
Où ma peine doit mûrir.

Il ne se peut pas, que j'aie
Attendu l'aurore en vain.
Il faut qu'il y ait, pour moi,
Le commencement, aussi,
De quelque chose…

II

L'averse tombe sur le toit :
Ma chambre sonore s'emplit
D'une rumeur d'applaudissement.

Avec le jour qui diminue,
La lampe grandit et m'atteint.

Je suis subitement confus,
Comme laissé seul et hué.

Et moi qui avais espéré
Trouver le crissement de joie,
Les pétillements de la pluie
Ont grignoté tout le silence
Dont mon rêve s'était parqué.

III

L'horloge cogne sur le silence
Et le cloue, par petits coups,
À mon immobilité.

Rien n'est plus de l'extérieur,
Ici, que la nuit d'ailleurs,
La nuit dans le corridor
Où ma lampe allume
L'espace ouvert d'une porte.

Des pointes d'ombre persistent
Attachées aux encoignures,
On dirait des découpures
D'une nuit encor plus vraie
Que la lampe a oubliées.

Je sais que le jardin vit
Par plus de détails, ce soir,
Qu'en l'oppression de la chambre.
Sur l'étang ridé au vent,
La lune allongée s'ébroue
Comme un peuplier d'argent.

IV

Minuit. La mesure est pleine.
L'horloge rend compte
Au temps de toutes les heures
Qu'on lui a confiées.
L'horloge sonne et fait sa caisse.

La nuit referme ses portes,
Et tous les clochers
Relèvent, au loin, les distances.
J'écoute mon cœur
Battre au centre de ma chair.

V

Le petit kiosque est rond,
    Il est allumé
Par le milieu, et la nuit
        D'autour colle aux vitres
Comme une noirceur de suie.

Et j'écris dans le kiosque,
Lanterne géante
Qui aurait beaucoup fumé.
— Parqué en mon rêve,
Je suis bordé de silence.

VI

Ainsi que des notes noires
Dans une portée,
Les oiseaux sont immobiles
Sur les fils de la
Clôture, au bout de l'allée.

Ma voix les a fait fuir.
Qu'importe l'essor,
Leur chanson était trop gaie,
Pour toute la peine
Dont se gonflait mon poëme.

VII

La poussière est sur la route
   Une cendre chaude
Où ma marche s'enregistre.
      — Au pied des grands arbres,
L'ombre est endormie en rond.

Le soleil chauffe la plaine,
    L'air chante, là-haut,
Dans les fils télégraphiques.
    — Comme une eau qui bout,
L'air chante sous le soleil.

VIII

Les pas que je fais en plus,
        Ceux hors de moi-même,
Depuis la forme du banc,
        — La forme allongée
Du banc vert sous les lilas.

Et sous les chocs de mes pas,
        Dans l'allée du parc,
Je me désarticulai,
        Pareil à la caisse
Qu'on fait rouler sur ses angles.

IX

J'avais perdu mes limites,
Fondu que j'étais
Avec l'épaisseur de l'ombre.
— Comme c'est pareil,
Ouvrir ou fermer les yeux.

Mais le couloir s'alluma.
Ma chair oubliée
Se crispa, soudain touchée.
— Une aiguille claire,
Un rayon par la serrure.

X

Le vieux piano garde enclos,
Comme une momie,
L'accent de ton cœur brisé.
— Ô la chanson triste
Dont s'est habituée ma peine.

Triste chanson obstinée
     À tous les refrains
De mes plus profondes joies,
     — Momie éternelle
Que tu as scellée en moi.

XI

Je voudrais être passeur ;
Aller droit ma vie,
Sans jamais plus de dérive,
Soumis à la force
Égale de mes deux bras.

Je voudrais être passeur ;
    Ne plus fuir la vie
Mais l'accepter franchement,
    Comme on donne aux rames
La chaleureuse poignée de mains.

XII

La lampe casquée
Pose un rond sur l'écritoire.
— Une assiette blanche.

XIII

Et j'attends l'aurore
Du premier jour de sa mort.
Déjà ! Se peut-il ?

XIV

L'aube éveille les coqs,
Et tous les coqs, à leur tour,
Réveillent le bedeau.

XV

L'aube prend la lampe.
Au pavé des pas pressés,
— La première messe.

XVI

Du milieu de la rivière,
  Les bras du passeur
Firent remuer, au loin, des arbres.
  — Je vis ta maison
Toute blanche sur la côte.

On l'aurait cru chaste alors,
     Tant son toit de chaume
Bien peigné ; et puis, les stores,
     Des paupières baissées
Sur les fenêtres de face.

XVII

Le phare, comme un moulin,
        Dont tournent les ailes
Lumineuses dans la nuit,
        Broyait, en mon cœur,
Un grand désir effondré.

Las d'attente prolongée,
    Sans plus rien d'espoir,
J'ai regagné la falaise.
    — Je revis la mer,
D'autres phares sabrer l'ombre.

XVIII

Le soir pense dans son ombre
Comme des yeux clos,
Des pensées tristes lui naissent
Comme des hiboux.
— J'avoue la nuit et l'attente.

Premier quartier de la lune,
Son disque d'argent
Que vient de planter au ciel,
Soudain réveillé,
Le beau discobole antique.

XIX

Pour endormir mon chagrin,
　　Je me dis des contes.
Un jour, un pauvre bossu,
　　Pour cacher sa bosse,
Portait un sac sur son dos.

Le petit gars braille encore !
        Dieu ! te tairas-tu ?
Le bromure est éventé.
            — Les vieux chagrins braillent
À réveiller les voisins.

LE RETOUR

DE L'ENFANT PRODIGUE

Au docteur René Pacaud

I

Ouvrez cette porte où je pleure.

La nuit s'infiltre dans mon âme
Où vient de s'éteindre l'espoir,
Et tant ressemble au vent ma plainte
Que les chiens n'ont pas aboyé.

Ouvrez-moi la porte, et me faites
Une aumône de la clarté
Où gît le bonheur sous vos lampes.

Partout, j'ai cherché l'Introuvable.

Sur des routes que trop de pas
Ont broyées jadis en poussière.

Dans une auberge où le vin rouge
Rappelait d'innombrables crimes,
Et sur les balcons du dressoir,
Les assiettes, la face pâle
Des vagabonds illuminés
Tombés là au bout de leur rêve.

À l'aurore, quand les montagnes
Se couvrent d'un châle de brume.
Au carrefour d'un vieux village
Sans amour, par un soir obscur,
Et le cœur qu'on avait cru mort
Surpris par un retour de flamme,

Un jour, au bout d'une jetée,
Après un départ, quand sont tièdes
Encor les anneaux de l'étreinte
Des câbles, et que se referme,
Sur l'affreux vide d'elle-même,
Une main cherchant à saisir
La forme enfuie d'une autre main,

Un jour, au bout d'une jetée…

Partout, j'ai cherché l'Introuvable.

Dans les grincements des express
Où les silences des arrêts
S'emplissent des noms des stations.

Dans une plaine où des étangs
S'ouvraient au ciel tels des yeux clairs.

Dans les livres qui sont des blancs
Laissés en marge de la vie,
Où des auditeurs ont inscrit,
De la conférence des choses,
De confuses annotations
Prises comme à la dérobée.

Devant ceux qui me dévisagent,

Et ceux qui me vouent de la haine,
Et dans la raison devinée
De la haine dont ils m'accablent.

Je ne savais plus, du pays,
Mériter une paix échue
Des choses simples et bien sues.

Trop de fumées ont enseigné
Au port le chemin de l'azur,
Et l'eau trépignait d'impatience
Contre les portes des écluses.

Ouvrez cette porte où je pleure.

La nuit s'infiltre dans mon âme
Où vient de s'éteindre l'espoir,
Et tant ressemble au vent ma plainte
Que les chiens n'ont pas aboyé.

Ouvrez-moi la porte, et me faites
Une aumône de la clarté
Où gît le bonheur sous vos lampes.

II

Ce n'est pas le cœur qui manque,
Ni le désir rassasié,
Mais la route qu'on étire
Qui fait défaut tout à coup.

Elle tient à nous depuis
Les premiers pas du départ,
Notre marche la déroule
Derrière nous sans relâche.

Mais quand finit l'amplitude,
Elle se raidit soudain
Comme un fil de cerf-volant,
Et qui rappelle à la terre
L'incontrôlable ascension,
L'immense besoin d'azur.

Ce n'est pas le cœur qui manque,
Ni le désir rassasié ;
Mais c'est la route par quoi
Mon âme tient au passé.

III

Les heures s'égrènent sans cesse
De l'immobilité du temps,
Et dans le sablier, la chute,
Sans fin, recommence toujours
De mes espoirs pulvérisés.

Alourdie des douleurs humaines,
L'heure s'écroule avec le sable
Et s'entasse dans un passé
Qu'il faudra de nouveau revivre.

L'avenir n'est rien qu'un retour
Perpétuel sur soi-même,
La vie qu'on reprend à l'inverse,
Un passé toujours ressassé
Comme un sablier qu'on retourne.

Au fond de tous les cœurs s'entasse,
Alourdi des douleurs humaines,
Un passé qu'il faudra revivre.

IV

Merveilleux prélude ébloui
Dans ces beaux matins sûrs d'eux-mêmes,
Quand persiste encore dans l'âme
L'illusion des joies accessibles.

Tout le meilleur de l'avenir
Se livrait alors sans défense,
Et l'aube qu'assiégeait l'orage
Était trop pure pour croire à l'ombre.

Les chemins enseignaient l'espoir,
Et je ne voulais rien savoir
Que cet environnement cher
De mes rêves tronquant l'espace.

Mes pas marquaient, dans la poussière,
Une implacable décision
Dont personne aurait pu dire
Qu'ils ignoraient tout de la vie.

Qui donc aurait pu dire alors
Qu'une si glorieuse démarche
Apprenait la vie sur la pente
Douloureuse d'un Golgotha ?

Et qu'en un retour repenti,
Ce pèlerin de la conquête
Ne serait plus qu'un vagabond
Cherchant ses traces dans le vent.

V

Et pourtant...
Que serais-je devenu
Desserti de ton amour...

La breloque, dont s'éteint,
Au souvenir, le vestige
Qu'elle avivait du passé,
Ne vaut que son pesant d'or,
Au plateau de la balance.

Et pour t'avoir tant aimé,
Enchâssé dans ton étreinte,
Ce cœur, que tu désavouais,
N'allait pas se rajeunir
De l'or dont il était usé.

VI

Comme tout cela est court,
Quand je le vois par la fin.

Je ne me souviens pas
D'avoir été vagabond,
Et je n'en crois pas la route,
Et le vœu que je lui fis.

Comment puis-je recenser,
Sans plus rien que ma mémoire,
Des passés qui s'interceptent :
Un passé rapetissé
Dans ma mémoire lasse.

Je suis stable, maintenant,
Circonscrit dans un exergue
Qu'est ce grand mur tout autour
De la maison du retour.

Que m'importe l'horizon,
Et qu'il recule toujours
Devant celui qui s'y voue.

Maintenant que je demeure,
La distance la plus grande
C'est ce que mon œil mesure.

L'INVITATION AU RETOUR

Reviens au pays sans amour,
Pleurer sur tes anciennes larmes.

Reviens au pays sans douceur,
Où dort ton passé sous la cendre.

Ce que tu crus laisser mourir
Bondira de nouveau vers toi,
Car les pas sonnent, sur la route,
Du plus loin qu'on vienne et vieilli.

Tes recherches au loin sont vaines,
Puisque la distance et le temps,
Avec soi, ne permettent pas
De rapporter ce qu'on a trouvé.

Reviens au pays sans amour,
À la vie cruelle pour toi,
Avec une besace vide
Et ton grand cœur désabusé.

AUBE

Toc, toc, toc, les sabots cognent
Sur les pavés de la rue.

Souffrir d'une aube qui tarde…
Toc, toc, la lampe se meurt.

Et mon cœur inlassable,
Dont je croyais tout savoir,
Revient doucement frapper
À la porte du rêve.

Toc, toc, toc.

PAYSAGE

La nuit claire est à l'insomnie,
Le jardin porte un chant d'oiseau
Comme on se complaît à sa peine.

Cela convient à ma tristesse,
Dans la plaine, aux grands peupliers
Semblables à des échassiers
Immobiles sur une patte.

Cela convient à ma fenêtre
Entr'ouverte, comme une oreille,
À l'écho de mes souvenirs.

SERTI DANS TON SOUVENIR

Pourquoi croire désormais
À ce retour impossible ?

Rien de la fumée n'est plus
Se détachant sur l'azur.

Dans la passe les bouées,
Ainsi que des feux follets,
(Mon Dieu ! c'est là qu'est son corps)
Seront dorénavant seules,
À rappeler des souvenirs.

Pourquoi marquer sur la route,
Comme le poteau frontière
De mon attente, debout,
Assignant, du plus loin, le
Retour d'un voyage absurde.

La poussière est sur la route
Des espoirs pulvérisés
Que des pas broieront encore.

Tel obstiné à l'espoir
Le Père attend le Prodigue,

Ainsi, pieusement, mon cœur
Serti dans ton souvenir.

DIVERS

SUR LE 45^e

Comme ta musique est vaine
Ce soir, petit phonographe.

Tes mélodies sont figées
Dans la cire de tes disques,
Il n'est pas, en ton ressort,
De plus pressantes détentes
Que celles amassées dans l'âme.

Car la mer chante, ce soir,
Sur l'axe élu de mon cœur.

SUR LE 45^e

Comme ta musique est vaine
Ce soir, petit phonographe.

Tes plus belles mélodies,
De tristesse et de gaîté,
Ne nous distrairont jamais
Du danger dans le brouillard,
De la peur, toujours accrue,
Quand sollicite l'inconnu
L'appel ému des sirènes.

Comme ta musique est vaine
Ce soir, petit phonographe.

Que peut donc ton répertoire
De symphonies en conserve,
Sinon que faire danser
Et se prendre au sérieux
Le commissaire du bord,
Qui fait fi des philosophes,
En trouvant des inconnus
Par de simples équations

c. q. f. d.

IMAGES GÉOGRAPHIQUES

MONTRÉAL

Au milieu de l'île,
La montagne bombe
Comme un gros moyeu
Où les rues s'emboîtent.

*

Caché dans un pli de la montagne,
Pareil à une arrière-pensée
De la joie des parcs aériens :
Le cimetière municipal.

*

Le cimetière est au faîte
Une force centripète,
Et la raison, qu'ont les rues,
D'aller toutes à la montagne.

*

La ville est sur le fleuve St-Laurent,
Comme une roue hydraulique en arrêt
Que l'eau s'efforce de faire tourner.

*

Montréal est à jamais fixé
Dans le fleuve, en face de Longueuil,
Par ses grandes cheminées d'usines
Plantées partout comme de gros clous.

LE PARC

Au parc où jouait mon enfance,
Un malade comptait ses pas
Soutenu par deux belles femmes.

Dans l'allée plus longue que lui,
Dans une allée jusqu'à sa mort.

Ce fut là, autour d'un kiosque,
L'avenir à jamais nié,
Et le bonheur tenant pour nous
Dans l'équilibre des cerceaux.

L'eau jaillit par bonds du bassin,
Ne dirait-on pas qu'il y tombe
Des pierres à courts intervalles.

Un homme, chaque fois qu'il pense,
Pose ses yeux sur le jet d'eau.

Un grand parasol de cristal
S'ouvre dans l'air et se referme
À chaque envolée du jet d'eau.

Les arbres ont beau prononcer
Encore le serment tutélaire,
Le passé vieilli et ridé
Tremblotte sur l'eau du bassin.

La vie s'est recroquevillée
Avec les feuilles automnales.

Or, ce fut le soir sur les bancs
Tièdes encore de soleil ;
Aux lèvres, la rosée déjà.

L'homme qui regardait le jet d'eau
Entendit l'ombre murmurer
Des phrases qu'il reconnaissait
Appartenant à sa mémoire.

Des vers bien comptés, lents et chers,
Comme les pas du grand malade,
Dans une allée jusqu'à sa mort.

Alors, seulement, il comprit.

Pour pleurer, ce ne fut pas trop,
De l'ombre amassée en le coin
Le plus obscur du parc ancien.

LES HEURES PERDUES

Non, ce ne fut pas celles
Passées auprès de vous,
Petite Marielle.

Si je me souviens bien,
L'air poussa un soupir
Comme un coup d'éventail.

Et après chaque aveu,
Vous fermiez vos yeux pour,
Au-dedans de vous-même,
Voir si c'était bien ça.

J'étais alors si heureux
De retrouver chaque fois,
Deux miniatures de moi,
Aux miroirs de vos pupilles.

L'ADIEU

Ce matin de ton départ,
Se le souvenir ensemble…

Pareille à une eau qui bout,
La mer fumait au lointain ;
Puis le brouillard approcha
Si près de nous l'horizon
Que ta barque disparut
À une portée de voix.

La voile n'était déjà plus
Qu'un espace vague ajouté
À l'infini de la distance,
Que j'entendais encor les mots
Qui devaient clore ton adieu.

Or, quand la brume se leva,
Et que reprit, le paysage,
La décision de ses contours
Comme dans le champ d'une lunette
Dont on rétablit la mise au point,

Ta voile ne parvint même pas,
Trop petite, à distraire l'azur.

IMAGES DE POÈMES IRRÉALISÉS

INTÉRIEUR

Une « horloge grand-père »,
Ô ce cercueil debout
Et fermé sur le temps.

*

Ce cadran pâle au fond de l'ombre,
Une face qui n'a plus d'âge.

*

Le clavier,
Un rictus.

*

Le croissant par la fenêtre,
Une découpure d'ongle.

*

Et le pendule se balance
Comme une hache à deux tranchants.

EN VOYAGE

Le steamer entouré d'écume,
Comme sur d'immondes crachats.

*

La fumée bondit soudaine,
Comme un lâcher de corbeaux.

*

Deux remorqueurs costauds.

*

La sirène sollicitait l'inconnu.

*

L'anneau de fer sur les quais,
Les anneaux de fiançailles
Des marins morts pour la mer.

NOTE SUR L'ÉDITION

En 1926, Loranger annonçait la publication d'une suite poétique, *Terra Nova,* dont il a toutefois détruit le manuscrit. Ne subsistent de ce cycle que quelques fragments, pour la plupart laissés à des amis. Le geste décisif de l'écrivain permet de penser qu'il considérait son œuvre poétique publiée comme une œuvre achevée. La présente édition reprend en conséquence *Les atmosphères* et *Poëmes,* publiés respectivement en 1920 et en 1922 chez L. Ad. Morissette. Nous renvoyons le lecteur intéressé par les poèmes épars de *Terra Nova* à la monumentale édition critique de Bernadette Guilmette : « Jean-Aubert Loranger : œuvre poétique » (thèse de doctorat, Ottawa, Université d'Ottawa, 1980).

POSTFACE

LE POÈTE ET SES MARGES,
COMME « CIRCONSCRIT DANS UN EXERGUE »

Au moment où il publie ses *Atmosphères,* en décembre 1920, Jean-Aubert Loranger sort à peine de la brève aventure du *Nigog.* Il vient aussi de faire son entrée à l'École littéraire de Montréal, où il participe à sa première réunion le 17 novembre de la même année. Il serait tentant d'y voir là un paradoxe, puisqu'à l'exotisme du premier répond le régionalisme de bon aloi de la seconde. Mais il faut comprendre que Loranger n'est d'aucun camp en particulier, d'aucune doctrine précise. Loranger et son œuvre échappent aux catégories nettes. Nous sommes ici face à un écrivain marginal, c'est-à-dire un écrivain dont l'œuvre trouve sa cohérence dans l'écart qu'elle ménage face aux esthétiques dont elle se nourrit. Cette marginalité n'agit pas comme une contestation farouche ; elle relève plutôt de la distance volontairement mesurée. Sur la photographie reproduite ci-contre, Loranger apparaît comme un homme soigné et élégant, pouvant passer anonyme dans la foule de son époque. Son regard trahit néanmoins une retenue qui, pour autant qu'elle n'est pas hautaine, témoigne de cet écart à partir duquel le poète semble s'inscrire dans le monde. Comme si son adhésion, pourtant visible, n'était pas totale…

D'ailleurs, la présence de Loranger dans le champ intellectuel canadien-français du début du XXᵉ siècle, aussi soutenue soit-elle grâce à son métier de journaliste, reste inlassablement discrète. Au ton intransigeant et volontaire du *Nigog* et des *Idées* où il collabore, Loranger préfère des contributions plus nuancées. Dans un compte rendu d'une causerie sur Émile Verhaeren, il note avec circonspection que « Verhaeren, dans la seconde moitié de son œuvre, atteignit un genre unique qui fut ni réaliste ni symboliste, mais qui n'existerait pas sans l'influence très sensible de ces deux écoles[1] ». Plutôt que de revendiquer la stricte part symboliste de l'œuvre (on imagine bien Dugas faire cela), Loranger préfère rendre à celle-ci tout ce qu'elle contient de *décalage* par rapport aux mouvements dont elle se nourrit, lui rendant par conséquent toute sa richesse.

Loranger lui-même donnera, avec les trois livres qu'il publie (*Les atmosphères*, en 1920, *Poëmes,* en 1922, *Le village. Contes et nouvelles du terroir,* en 1925), une œuvre nourrie à même celle des autres. Assurément, il lisait ses contemporains : les écrivains régionalistes d'ici, auxquels répondent ironiquement

---

1. Jean-Aubert Loranger, « À Saint-Sulpice. Causerie de Monsieur Dupuis sur Verhaeren », *Le Nigog,* vol. 1, nᵒ 6, juin 1918, p. 206.

ses contes ; son cousin Roquebrune aussi, qui avait déjà publié *L'invitation à la vie,* décrite comme une « prose en quatre atmosphères et onze colloques ». Du côté de la France, il y a Apollinaire et Saint-John Perse, dont on trouve des résonances dans ses poèmes ; Jules Romains – on a parlé de l'unanimisme de Loranger à maintes reprises – et la *NRF,* où il s'initie de seconde main à la culture littéraire orientale. Il lisait aussi les poètes symbolistes, et peut-être surtout Verhaeren, dont il semble retenir certains aspects du « Passeur d'eau » pour écrire le poème initial des *Atmosphères.* Enfin, du « temps qu'il fait quand c'est l'heure de se mettre au sommeil » à la réalisation finale du passeur que, « de toute sa vie qu'il avait été, rien n'exista plus que le temps », n'entend-on pas l'écho à Proust qu'il vient de découvrir ? Ce n'est pas dire pour autant qu'il est un épigone. Sur tous les plans (historique, thématique, formel), ses textes travaillent le décalage, la distance. Face aux esthétiques auxquelles elle se confronte, cette œuvre poétique s'aménage à partir de ce qui semble bien être une marginalité délibérée.

Chez Loranger, les « paquebots en partance définitive » et autres « steamers de l'exil » côtoient en effet paisiblement les « moulins / Dont tournent les ailes » et « La mer [qui] bruit au bout du jardin, / Comme l'orée d'une forêt ». La modernité industrieuse qu'il convoque ne s'affiche pas sur le mode de la préciosité d'un Dugas ou de la hardiesse des « cavaliers de l'Apocalypse » ; elle s'intègre plutôt au paysage déjà en place, allant jusqu'à en prendre les formes. Inscrivant d'emblée l'espace du « Passeur » dans l'univers rural traditionnel du Canada français, l'incipit du poème laisse par exemple poindre une modernité obligeante et inclusive, grâce à la forme particulière de ses poteaux « qui ont l'air de grands râteaux debout sur leur manche ». Lue à la lumière du débat qui oppose régionalistes et « exotiques », cette géographie textuelle signale la recherche d'une formule qui déborde les positions divergentes en vue de les concilier. Le passeur n'est-il pas d'ailleurs un personnage régionaliste et universel tout à la fois ? Ancré dans l'ici et le maintenant de son territoire, le passeur se trouve pourtant partout, autant dire ailleurs, dans l'exotisme de pays étrangers... Cette posture paradoxale, qui enchevêtre profitablement l'ici et l'ailleurs, le régionalisme et l'exotisme, n'est pas sans rappeler la prédilection du poète pour les lieux de bordures et autres endroits limitrophes.

En effet, la géographie poétique de Loranger se construit en fonction de ce qu'il convient d'appeler une topologie de la bordure. Déjà, « Le passeur » inscrivait son espace dans l'idée de pourtour. De chaque côté de la rivière se trouvent en effet un village et une plaine : « Sur la rive gauche qui est basse, il y a un village. [...] Sur la rive droite qui est escarpée, c'est une grande plaine avec des moissons, une plaine qui remue ». C'est à partir de la rivière que le lecteur aperçoit le village et la plaine, lesquels apparaissent donc d'abord en tant qu'endroits riverains.

La contiguïté des deux espaces prime leur centre ; leur rapport dépend de leur périphérie et de ce qui fonde cette dernière, soit « le bac du passeur qui est un morceau de la route qui flotte sur l'eau ». Présentés à partir de ce qui leur permet de border – d'aborder – l'autre, le village et la plaine apparaissent d'abord comme des lieux de contiguïté. Et le passeur, personnage intermédiaire du paysage, ne cherchera jamais à en traverser les centres, leur préférant soit sa barque, soit sa vieille bicoque « tout au bord de l'eau ». Pareillement, le vagabond du conte qui clôt *Les atmosphères* « se blottit dans l'ombre d'une encoignure » où il attendra sans véritablement connaître la vie du village où la route l'a mené. Et ce village imaginaire, Loranger le situera sur les rives du Richelieu dans les contes ultérieurs publiés dans des périodiques.

Les lieux de bordure, abondants dans les deux recueils poétiques, disent constamment l'absence délibérée de centre, la présence insistante d'un rebord à partir duquel le sujet poétique conçoit son rapport au monde. Les rives, les ports et les falaises qui parsèment les poèmes fonctionnent comme autant d'endroits où le sujet ressent l'appel du loin, tels « d'autres paquebots, / dissimulés dans le brouillard, / [qui] sortent du golfe vers la mer ». Contre la fixité de l'ici s'inscrit bel et bien le désir d'un mouvement, d'une « partance définitive », d'un horizon qui « recule toujours / devant celui qui s'y voue ». Le monde n'est pour ainsi dire jamais donné, asservi ou épuisé. Il oblige le sujet poétique à s'y mouvoir en vacillant, avec la conscience de s'inscrire dans les marges du centre. C'est que le sujet, tout « appuyé » qu'il est « au dehors solidarisé », se trouve au seuil du monde. Or un seuil, nous dit Littré, est une « pièce de bois ou de pierre qui est au bas de l'ouverture d'une porte et qui la traverse ». La traversée des commencements : voilà bien ce que permettent les seuils, les lieux de bordures, les marges du monde. Et le sujet de demander :

> Il ne se peut pas, que j'aie
> Attendu l'aurore en vain.
> Il faut qu'il y ait, pour moi,
> Le commencement, aussi,
> De quelque chose...

Le « je » des poèmes cherche le seuil à partir duquel il peut exister, faire apparaître ce que Pierre Nepveu a récemment appelé les « contours de [s]a conscience[2] », même si cette conscience semble ne pouvoir exister que dans un perpétuel recommencement, comme dans la marge de sa propre existence, tel « encore un autre printemps, / une nouvelle débâcle... ».

Car le temps, dans les poèmes de Loranger, est rarement sinon jamais assuré de la permanence de sa durée, dessinant des moments qui sont le plus

---

2. Pierre NEPVEU, « Jean-Aubert Loranger : contours de la conscience », *Voix et images,* vol. 24, n° 2 (71), 1999, p. 277-288.

souvent limitrophes et indécidables. L'heure qui semble sonner la fin devient le début d'une expérience nouvelle où le sujet « écoute [s]on cœur / battre au centre de [s]a chair ». Minuit est tout autant la vingt-quatrième heure que la première, elle marque la fin d'un cycle qu'elle relance inlassablement. La fugitivité des moments n'empêche cependant aucunement la volonté d'exister dans le monde ; ceux-ci sont essentiellement vécus comme lieux d'une transitivité inhérente qui renvoie à l'intimité du sujet poétique pour lui indiquer qu'il ne peut être assuré de rien sinon de sa position intermédiaire.

Dans l'article tout juste cité, Pierre Nepveu suggère avec finesse qu'une expérience subjective fragmentée émane des poèmes de Loranger, formant ainsi autant de propositions expérimentales sur le sujet, son espace intime et ses contours. Cette fragmentation n'est pas pour autant signe d'une régression puisqu'elle pose la question du rapport que le sujet entretient avec le monde, rapport qui apparaît ouvert aux yeux du critique. En effet, le sujet de Loranger *habite* le monde avec ses sens. La voix poétique procède d'un sensualisme qui assure la matérialisation du rapport au monde que le sujet entretient. L'horloge y cloue le silence alors que l'heure qui s'y écoule lentement prend la forme de la pluie tombant « goutte à goutte, / du campanile de la ville ». Ailleurs, l'effet de métonymie sonore permettra que la pluie ressemble à des applaudissements. Tirée du Verbe, l'épreuve du temps permet la confection matérielle de l'expérience : « Je suis au petit début / Imprécis d'une journée / Que la pendule tapote, / Doucement, comme une glaise, / Pour lui faire un avenir ». C'est sur le mode de l'incarnation tangible que le sujet inscrit son expérience au sein des poèmes. À la manière de l'enfant investissant pleinement le monde imaginaire des châteaux de sable qu'il a créés, celui-ci accepte de jouer le jeu temporel du monde dans lequel il s'inscrit poétiquement, soit pour s'en recouvrir : « Le grand silence m'enclot / Comme en une serre chaude / Où ma peine doit mûrir », soit pour s'y fondre : « J'avais perdu mes limites, / Fondu que j'étais / Avec l'épaisseur de l'ombre ».

Ces derniers vers peuvent sembler suggérer la liquidation du sujet qui, s'exténuant dans le monde, poursuivrait l'idéal du tout unanime. Mais si épaisse soit-elle, l'ombre suppose nécessairement la lumière puisqu'elle est une obscurité partielle, jamais noirceur totale. Son existence dépend de celle de la lumière. Et l'accord au monde, chez Loranger, n'est nullement une négation du sujet, car la suppression apparente de celui-ci n'est que temporaire. Les peines, les mélancolies et autres fatigues exprimées par la voix des poèmes contiennent toujours quelconque part de positivité : seul et retiré, le sujet se réfugie souvent dans le silence. Mais le silence n'évoque-t-il pas la parole dans laquelle il s'inscrit nécessairement, tout comme le sujet suscite inévitablement le monde qu'il habite ? La retraite recherchée n'est donc pas une fracture nette, et un rapport avec le monde existe toujours, aussi ténu puisse-t-il sembler. La bordure est en ce sens assurée : c'est grâce à elle que le sujet a prise sur le monde qu'il convoque, même s'il lui reste toujours paradoxalement extérieur.

Il en va de même des nombreuses proclamations de départ qui participent tout autant d'un rapport hétérodoxe au monde que d'une promesse de positivité. Ainsi, le départ reste le plus souvent vécu sur le mode tangible de l'incarnation dans le monde, où il laisse son empreinte : « Je partirai moi aussi. / J'enregistrerai sur le fleuve / La décision d'un tel sillage ». Convoquant la matérialité du monde, le plus souvent par l'expérience des saisons, le départ n'est toutefois jamais accompli : « Voici décembre par où se fait la fin de l'illusion qu'il y avait en moi d'une possibilité de partir », écrit Loranger dans un poème au titre éloquent, « Ébauche d'un départ définitif ». L'esquisse du départ impossible ne doit toutefois pas gommer le caractère sensible de l'expérience vécue par le sujet poétique, tiraillé entre l'appel de l'ailleurs et son enracinement céans. Elle exprime le désir d'une possibilité nouvelle qui habite tout être humain, sans pour autant promettre l'assurance d'un changement meilleur.

Cette position de retrait demeure une position privilégiée chez Loranger, qui proclame en quelque sorte la fin du rôle d'élection du poète témoignant de façon transcendante d'un éventuel sens occulté du monde ou prophétisant son avenir historique. La voix du sujet poétique de Loranger n'est pas celle du missionnaire, dont elle refuse les impostures pour plutôt s'engager dans le retrait de la marge, lui permettant ainsi d'atteindre une vérité qui, pour intime qu'elle soit, recèle peut-être une leçon plus large que le poème mettrait au jour sans pour autant l'imposer avec la présomption du Mage. Or, une telle posture est nouvelle au Canada français, dont la littérature s'inscrit jusqu'alors dans la continuité du romantisme en inscrivant le sujet au centre du poème.

À ce décentrement du sujet poétique correspond par ailleurs un décentrement des formes, tout aussi nouveau. Dans *Poëmes,* Loranger insère des odes dont une est explicitement nommée comme telle. Bien sûr, l'ode est un genre ancien qui plonge ses racines dans la poésie latine. Mais elle est de plus en plus délaissée au moment où l'écrivain la pratique : libérée de son modèle pindarique depuis le milieu du XIXe siècle environ, elle semble devoir être reléguée aux oubliettes de l'histoire littéraire, apparaissant principalement comme un exercice de composition poétique appelé à devenir mineur. En utilisant cette forme, Loranger inscrit ses poèmes sur les ruines d'un genre jadis prisé.

Aussi n'est-ce pas étonnant qu'il se soit essayé à cette forme orientale du haïku, fragment né du haïkaï-no-renga dont il formait le premier tercet. Ruine sur laquelle s'inscrit la possibilité d'un recommencement de toute éternité, le haïku juxtapose l'éphémère à l'éternel, il se situe par conséquent dans les rebords du Temps. Mais c'est bien sûr aussi au premier degré une forme « exotique », qui dit la fascination pour un ailleurs auquel le poète restera toujours étranger, au plan culturel d'abord puisqu'il est d'ici, au plan biographique ensuite puisqu'il n'ira jamais là-bas. Minorisation de la première, exotisme oriental du second : Loranger fréquente des genres qui disent constamment la marge.

À l'emphase rhétorique de l'alexandrin alors populaire dans la littérature canadienne-française (de toute allégeance : romantique, nationaliste, régionaliste ou « exotique »), aux sonnets réglés d'un Nelligan ou d'un Morin, aux enjambements romantiques mais néanmoins réguliers d'un Alfred Garneau, Loranger préfère d'ailleurs un vers bref qui contredit la grandiloquence romantique, inscrivant sa poésie dans un espace encore vierge où Saint-Denys Garneau le suivra quelques années après.

Les vers libres de Loranger déstabilisent la syntaxe orthodoxe de la versification jusqu'à repousser le poème dans la sphère du discours oral. Contre l'assurance de l'alexandrin, le vers choisit la voie du morcellement, la traditionnelle césure s'y trouvant remplacée par des virgules qui assurent ce que Claude Filteau a appelé le « parlé » du poème[3]. La

---

3. Dans *Poétiques de la modernité, 1895-1948,* Montréal, Hexagone, 1994.

prédilection affichée pour l'impair et les enjambements hardis assouplissent d'autant le vers, qui perd aussi sa marque traditionnelle de terminaison, soit la rime. Chez Loranger, le vers ne s'entend plus, on ne peut désormais que le lire.

Lisant ces vers, on est frappé par l'abondance des blancs typographiques qui les entourent. Isolé par les nombreux blancs qui jouent comme autant d'espaces de rayonnement de la pensée du poème, le vers se fait en définitive bref et furtif, témoignant staccato de la précarité d'un sujet poétique inscrit dans les marges du monde. Le poème n'occupe d'ailleurs plus le centre de la page, s'inscrivant parfois plutôt dans la partie inférieure d'un recto pour se poursuivre dans la partie supérieure du verso. S'estompant dans les blancs, les vers semblent chercher leur propre effacement en même temps que leur sortie hors de ce qui fut historiquement le centre de la poésie.

La forme du verset, plus présente dans les « Signets », participe aussi de ce dépassement des frontières canoniques de la versification. Le verset apparaît comme une forme permettant de « marier les ressources » (Claudel) de la prose et du vers, au regard desquels il apparaît respectivement plus musical et moins rigide. Il est une forme hybride qui place la poésie dans un espace intermédiaire, sans pour autant être une ébauche. Car les poèmes de Loranger sont rigoureusement construits ; ils s'ordonnent autour d'une architecture le plus souvent cyclique où les parties du poème se répondent l'une à l'autre, le refermant ainsi sur lui-même. Il y a de la part de l'écrivain une attention portée à la structure du poème qui rappelle celle de Saint-John Perse, lequel a donné avec *Éloges,* en 1911, de beaux exemples de cette formalisation ordonnée d'un verset qui dit pourtant constamment sa position périphérique, puisque ni tout à fait vers ni tout à fait prose.

Cette propension du poème à gagner l'espace de la prose mènera en définitive Loranger à utiliser une forme moderne encore peu pratiquée au Canada français, soit le poème en prose. Depuis son invention, au XIXe siècle, le genre du poème en prose constitue un espace de transition qui oblige lecteurs et écrivains tout à la fois de repenser les rapports historiques que la prose et le vers ont pu entretenir à l'égard des genres littéraires. Bien sûr, le poème en prose conteste en premier lieu toute définition classique de la poésie : disant la migration de celle-ci hors des limites formelles du vers, il accuse au surplus une préférence pour la quotidienneté et les sujets bas. Mais il est aussi marginal en regard des genres de la prose : se donnant de fausses allures de discours commun, il organise pourtant systématiquement les effets rythmiques et figuraux qui génèrent sa poéticité. Chez Loranger, « la foule en confrérie » qui attend l'heure du train et « les petits bateaux [qui] se sont tus au port » sont ainsi autant de circonstances prosaïques à partir desquelles les textes échafaudent l'*événement* du poème pendant que les nombreuses figures de répétition créent un effet de redoublement autotélique qui en assure la *poéticité*. Dans « Le passeur », la reprise immédiate d'un chapitre dont le propos pourrait apparaître trivial crée une vacillation rythmique qui rappelle le principe poétique de désordre qui préside au genre, et que Baudelaire a formulé dans les termes suivants : « [...] un petit ouvrage dont on ne pourrait pas dire, sans injustice, qu'il n'a ni queue ni tête, puisque tout, au contraire, y est à la fois tête et queue, alternativement et réciproquement[4] ». Par ses effets de répétition, le texte de Loranger dérange l'attente du lecteur, créant pour ce dernier une liberté que les genres traditionnels de la prose, qu'il avoisine pourtant, n'admettent pas. Avec la parabole et le conte, le poème en prose partage la caractéristique de l'intemporalité : au « il était une fois » du conte répond en effet la fulgurance du poème, elle-même tout aussi intemporelle qu'universelle, à l'instar de la rivière qui ouvre le poème liminaire des *Atmosphères*. Aussi n'est-ce pas étonnant que certains aient lu « Le passeur » comme une prose poétique alors que d'autres y ont vu un conte. C'est que le poème en prose tel que Loranger le pratique reste éminemment accueillant à l'égard des possibilités formelles.

---

4. Charles BAUDELAIRE, « À Arsène Houssaye », *Le Spleen de Paris (Petits poèmes en prose)*, dans *Œuvres complètes I*, Paris, Gallimard, 1975, p. 275.

De la prose du premier recueil aux vers libres du second, le poète a choisi des genres formellement à l'écart du canon poétique, qu'il peut investir pleinement surtout qu'ils n'appartiennent à aucune tradition littéraire canadienne-française précise, à aucun camp esthétique particulier. C'est dans le retrait de formes encore institutionnellement singulières qu'il poursuit son exploration poétique du monde. Sa poésie est ainsi doublement dépaysante : le mouvement hors du vers y accompagne une géographie et une temporalité limitrophes.

L'œuvre de Jean-Aubert Loranger commande son décentrement, et ce, jusque dans les vers finaux, « images de poèmes irréalisés », fragments qui disent le refus du centre opéré par les poèmes. Comme si quelque chose n'était pas encore joué, situé dans l'ouverture des blancs poétiques, « Dans les livres qui sont des blancs / Laissés en marge de la vie, / Où des auditeurs ont inscrit, / De la conférence des choses, / De confuses annotations / Prises comme à la dérobée ».

TABLE DES MATIÈRES

LES ATMOSPHÈRES

I LE PASSEUR

II SIGNETS

III UN CONTE

POËMES

PRÉLIMINAIRE

MARINES

MOMENTS

Révision du manuscrit : Isabelle Bouchard
Copiste : Aude Tousignant
Composition et infographie : Isabelle Tousignant
Conception graphique : Anne-Marie Guérineau

Diffusion pour le Canada : Gallimard ltée
3700A, boulevard Saint-Laurent, Montréal (Qc), H2X 2V4
Téléphone : (514) 499-0072 Télécopieur : (514) 499-0851
Distribution : SOCADIS

Éditions Nota bene
1230, boul. René-Lévesque Ouest
Québec (Qc), G1S 1W2
mél : nbe@videotron.ca
site : http://www.notabene.ca